RÉPONSE

DES ÉTUDIANTS

DE NAVARRE.

RÉPONSE

DES ÉTUDIANTS

DU COLLÉGE

DE NAVARRE

Aux reproches que leur ont fait des Étudiants
de quelques autres Colléges.

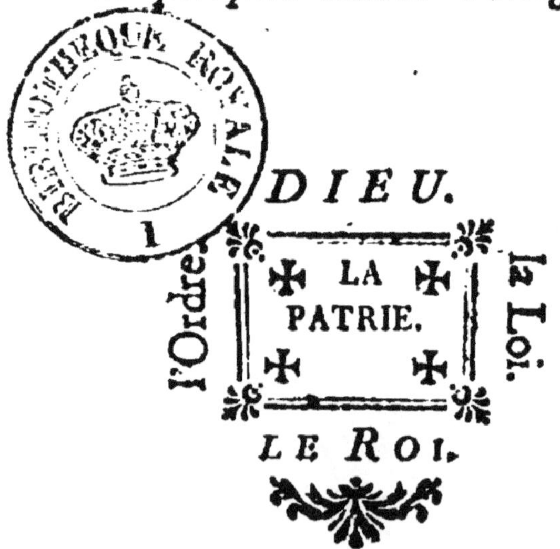

Imprimé par l'ordre du District de S. Etienne
du-Mont.

M DCC XC.

REPONSE

DES ÉTUDIANTS

DU COLLEGE DE NAVARRE

Aux reproches que leur ont fait
des Etudiants de quelques
autres Colléges.

Avec les Piéces relatives à cette affaire.

A peine l'invitation aux bons Citoyens
de concourir aux travaux du Champ-de-
Mars eut-elle été faite, que les Etudiants
de l'Université s'empressèrent de prouver
en s'y rendant, leur zéle pour la Patrie.
Le jeudi 8 Juillet, plusieurs Colléges
se réunirent en corps pour s'y rendre,
& vinrent auparavant au Collége de
Navarre sur les neuf-heures du matin,

pour en emmener avec eux les Ecoliers alors en claſſe, occupés de leurs compoſitions. Ceux-ci interrompirent leurs travaux, & les y ſuivirent. Le ſoir le même ordre fut obſervé. Mais le lendemain étant revenus au Colllége de Navarre, ils n'y trouvèrent qu'un petit nombre d'Ecoliers ; ce qui les indiſpoſa beaucoup contre ceux de ce Collége, quoique le peu d'Ecoliers qui s'y trouvoient les y ſuiviſſent, & travaillaſſent avec eux, cependant les autres peu ſatisfaits de ces marques de bonne volonté revinrent le ſoir en corps, armés de péles, & quelques uns d'épées, dans la cour de Navarre. Là ils demandèrent à grands cris & avec menaces, que M. Dubertrand, principal du Collége rendit compte de ſa conduite, l'accuſant d'avoir fait inſulter la Cocarde Nationale dans ſa maiſon, d'avoir empêché le matin ſes Ecoliers d'aller au Champ-de-Mars, & de s'être montré *Ariſtocrate* dans ces circonſtances. M. Dubertrand eut recours à l'Aſſemblée du Diſtrict de S. Etienne-du-mont qui ſe tient dans une ſalle du Collége. Le diſtrict ajourna la queſtion au lendemain, & dit à MM. les Ecoliets de se retirer, en ajoutant que le lendemain ils enverroient à six-heures des Députés (à raison d'un par Collége) à l'Assemblée du District, où l'affaire seroit discutée. Le lendemain samedi deux Députés de Navarre chargés de défendre leur College s'étant rendus à l'Assemblée, attendirent jusqu'à sept-heures MM. les Députés des autres Colléges qui devoient les accuser. Mais voyant qu'ils ne paroissoient point, & prenant leur absence pour un désaveu de leur conduite, ils voulurent néanmoins se justifier devant MM. les Citoyens du District. En conséquence les deux députés, MM. Chapellier & Nugues, ayant demandé à être entendus, entrèrent dans la Salle, & M. Nugues parla en ces termes, au nom de tous les Ecoliers du Collége de Navarre :

MESSIEURS,

L'accusation vraiement inouie qu'on nous intente aujourd'hui, nous pénétreroit de la plus vive douleur, si nous n'avions l'espérance de regagner, par les preuves de notre innocence, l'eſtime & l'amitié de nos condiſciples, qui toutes les deux nous ſont infiniment précieuſes. Auſſi, raſſurés par notre conſcience, nous nous préſentons ici avec confiance & même avec joie : parceque nous oſons nous flatter, qu'en prouvant l'injuſtice de l'accuſation, nous détruirons les bruits injurieux à notre maiſon qui commençoient depuis quelque temps à ſe répandre dans le public, & que nous rendrons par là au Collége de Navarre la bonne réputation dont il a joui juſqu'ici. Daignez, Meſſieurs nous écouter favorablement : nous eſpérons que lorſque vous nous aurez, entendus, nous ſerons pleinement juſtifiés dans votre eſprit.

Les principaux chefs de l'accuſation nous paroiſſent ſe réduire à trois ; le premier, c'eſt que nous ne ſommes point allés hier matin avec les autres au Champ-de-Mars : le ſecond, que la Cocarde Nationale a été inſultée dans notre Collége : le troiſiéme, qui, quoiqu'il ne s'adreſſe pas directement à nous, nous impoſe cependant l'obligation de montrer en cette occaſion notre zéle pour notre Principal : que M. Dubertrand n'a pas fait paroître ſon patriotifme dans ces temps , & n'a pas affez bien reçu MM. nos Confrères, quand ils fe font préfentés chez lui. Nous répondrons à chacun des ces articles fucceffivement.

On nous fait d'abord un reproche de n'avoir point été hier matin avec les autres au Champ-de-Mars. L'expofé fidéle des faits & de notre conduite fera notre feule défenfe. Jeudi neuf Juillet nous étions en Claffe occupés à compofer pour les prix du Collége, lorfqu'on vint nous chercher pour nous faire aller aux travaux du Champ-de-Mars. Nous ne fortîmes pas il eft vrai, auffi-tôt. Mais la foumiffion que nous nous faifons honneur d'avoir pour notre Principal nous retenoit. Il nous avoit dit le matin de tacher de profiter des deux feuls jours qui reftoient , pour achever les compofitions du Collége : il avoit ajouté que nous irions le foir au Champ-de-Mars travailler avec les autres Colléges , comme nous l'avions déjà fait la veille , mais qu'il faudroit nous occuper le matin des compofitions, qu'en conféquence il nous recommandoit de ne point fortir , qu'elles ne fuffent finies. Cette efpece d'ordre nous forçoit donc en quelque forte de refter en Claffe. Cependant lorfque M. Dubertrand eût vû que tous les Colléges étoient réunis pour y aller, il nous envoya à l'inftant avec eux. Nous y fûmes donc le matin avec les autres, après cette petite réfiftance, que vous ne pouvez défapprouver, puifque vous voyez qu'elle étoit l'effet de notre foumiffion à notre fupérieur. Revenus au Collége à quatre heures environ, nous repartîmes à cinq heures, & y reftâmes encore toute la foirée. Cependant les parents de plufieurs d'entre nous (car il eft à obferver que nous fommes la plupart de Paris) allarmés d'apprendre que leurs enfants étoient au milieu de la foule que le patriotifme conduifoit au Champ-de-Mars, & effrayés des dangers qu'on y couyoit, les rappellerent chez eux, ce qui fit une diminution confidérable dans le nombre des Ecoliers, qui, comme vous le favez, partent la plupart dans ce temps-ci pour aller en vacances. Réduits à un auffi petite quantité, nous allâmes cependant encore le matin au Champ-de-Mars, en fort petit nombre il eft vrai. Mais fi l'on confidère que nous

étions presque tous harrassés de fati-
gues par les travaux des deux jours
précédents, ce qui n'est point étonnant
dans des Ecoliers peu accoutumés à ces
pénibles occupations ; que les petits sur-
tout ne pouvoient soutenir trois jours
consécutifs de fatigue, & se trouvèrent
par conséquent forcés de rester à la
maison ; que d'ailleurs parmi le petit
nombre de grands qui pouvoient rester
après toutes ces diminutions, plusieurs
étoient sortis chez leurs parents ; &
qu'enfin M. le Principal lui-même en
avoit fait sortir quelques-uns, non,
comme on le dit, pour les empêcher
d'aller au Champ-de-Mars, s'ils le
vouloient, mais pour se debarrasser
de l'inquiétude que doit nécessaire-
ment lui causer le sort des Ecoliers
qui lui sont confiés, quand de pareil-
les circonstances l'obligent de les lais-
ser aller seuls dans la ville ; si l'on
considère, dis-je, toutes ces raisons,
on ne sera pas surpris que MM. les
Ecoliers en venant hier matin nous
chercher, n'en aient trouvé qu'un fort
petit nombre : & l'on ne pourra nous
en faire un crime. Voilà donc une accusation injuste : & vous devez voir

que nous n'avons pas montré dans cette occasion moins de patriotisme que les autres : ou si quelques-uns en ont fait éclater plus que nous, ils n'ont pas sans doute acquis par là le droit d'insulter aux autres. Quoiqu'il en soit, nous osons le dire, nous en avons fait assez, sinon pour meriter des éloges, du moins pour nous mettre à l'abri de toute injure.

Mais il est un autre grief bien plus important : c'est la Cocarde insultée par un de nous. Nous pourrions nier le fait sans que nos adversaires pussent nous apporter de preuves ; car des discours vagues & souvent faux ne sauroient rien prouver contre nous. Mais nous sommes incapables de trahir la vérité, pour nous justifier. Nous l'avouerons donc avec douleur, le signe de la Liberté a été insulté par un de nous. Voici au juste comment le fait s'est passé. Comme le domestique de quartier passoit à travers la salle ayant à son chapeau une Cocarde vieille & malpropre, un Ecolier brusque & peu réfléchi, comme il s'en rencontre partout, sans juger des conséquences de ce qu'il faisoit, & uniquement dans l'intention de faire une plaifanterie, la lui arrache, & la jette par terre, en accompagnant cette action de quelques mots infultans. L'indignation de fes condifciples qui éclata à l'inftant contre lui, les reproches que lui fit fon maitre, & les mauvais traitemens qu'il en effuya, le punirent d'une faute qui annonçoit plus de légéreté & d'imprudence que de méchanceté réfléchie. M. Dubertrand ne le fût pas tout de fuite : mais dès qu'il l'eut appris, il lui en fit les réprimandes les plus fevères. Il l'auroit peut-être même fait punir plus rigoureufement, s'il n'avoit été dans une haute claffe. Mais enfin il vient de quitter le Collége, & d'être renvoyé chez fes parents. Voilà, Meffieurs, le récit fidele de l'action. C'eft à vous de juger, fi, lorfqu'un, entre deux cents Ecoliers, vient à commettre une pareille extravagance, fi lorfque tous fes condifciples l'en puniffent par leurs mépris, feule punition que des Ecoliers puiffent employer les uns à l'égard des autres, fi lorfqu'ils donnent à fon action toutes les preuves d'improbation poffibles, fi lorfque fes maîtres lui font éprouver à ce fujet toutes fortes de défagrémens, ſi enfin , lorſque le Supérieur finit par le faire ſortir de ſa maiſon , c'eſt à vous dis-je de juger , ſi nous nous montrons les complices de ſa faute , & ſi par là nous méritons les titres injurieux qu'on nous donne. Non, Meſſieurs; vous n'êtes pas aſſez injuſtes , pour concevoir mauvaiſe idée de tous pour la folie d'un ſeul , & condamner avec le coupable ſes condiſciples entierement innocents. Nous eſpérons donc de votre équité que vous reconnoitrez que , bien loin d'avoir part à cette extravagance , nous en avons au contraire été révoltés. Nous avons taché dans les commencements de l'étouffer , & d'empêcher qu'elle ne tranſpirât dans le public. Mais comme il eſt preſqu'impoſſible qu'une choſe qui s'eſt paſſée en préſence d'une douzaine de témoins demeure long-temps ſecrette , & elle n'a pas tardé à ſe répandre. Cependant nous eſpérions que ce bruit tomberoit bientôt , & en effet, depuis deux mois que la choſe eſt faite , nous l'avons crue oubliée) & nous l'avouons, nous ne nous attendions pas qu'elle ſeroit relevée & rendue publique par nos Confrères de l'Univerſité, ſur qui le deſhonneur , ſi la faute d'un feul pouvoit deshonorer tous, pourroit rejaillir aussi bien que sur nous. Voilà donc de quoi nous sommes accusés! d'avoir eu un étourdi, un fou parmi nous. Nous pensons, Messieurs, que vous voyez assez notre innocence dans toute cette affaire, & nous passons au troisieme article.

Quoiqu'il ne s'adresse pas à nous précisément, cependant notre tendresse filiale, & notre vive reconnoissance pour M. Dubertrand ne nous permet pas de garder le silence. Nous n'examinons point quel accueil il a pu faire à MM. les Ecoliers, lorsqu'ils ont été chez lui : nous ne pouvons rien dire la-dessus. Mais quant au patriotisme dont on l'accuse de manquer, nous osons en appeller au témoignage de MM. les Citoyens du District qui tiennent leurs Assemblées dans cette Salle. En quelle rencontre n'a-t-il pas été des premiers à faire éclater son zele pour la Patrie ? N'a-t-il pas même été choisi par vous, Messieurs, président d'un de vos Comités ? Ils ne voient pas ceux qui l'accusent, qu'ils vous accusent vous-mêmes. Car le traiter, comme ils font, d'aristocrate, c'est s'attaquer à un citoyen

auquel vous avez donné des preuves non
équivoques d'eſtime & d'honneur. Et
quant à ſa conduite intérieure, bien loin
de former ſes Ecoliers à l'ariſtocratie,
comme on le prétend, ne nous forme-
t-il pas au contraire au patriotiſme par
ſes leçons & ſes exemples ? Ne vient-il
pas tous les ſoirs depuis un mois dans
nos ſalles nous expliquer les droits de
l'homme, & nous donner des principes
ſûrs pour connoître & apprécier la
Révolution ? N'a-t-il pas été des premiers à faire le don patriotique ? N'a-
t-il pas de plus contribué à tous les
dons particuliers que nous avons faits
nous - mêmes en différents temps ? N'a-
t-il pas été pendant deux ou trois mois
porter avec ſes Ecoliers des ſecours d'ha-
bits & d'argent à tous les pauvres du
voiſinage, ſans parler de ceux qu'il a
nourris pendant l'hiver dans le college
même ? Voilà comment il forme des
ariſtocrates ? Certes la Patrie auroit à ſe
féliciter de ne jamais confier ſes enfants
qu'à de pareils maîtres, & pourroit at-
tendre avec raiſon, de ceux qui voudroient
profiter de leurs leçons & de leurs exemples, autant de héros de patriotiſme.

Quant à nous, ſi l'on nous traite

d'Ariſtocrates , nous n'avons qu'à citer des faits : ils parleront pour nous. Plus de dix-huit cents livres de don patriotique offerts en différents temps , pluſieurs contributions pour les pauvres du Diſtrict , la preſtation du ſerment civique , à laquelle nous nous ſommes préſentés les premiers , les aumônes faites dans le voiſinage conjointement avec notre Principal ; telles ſont les preuves qui atteſtent évidemment notre patriotiſme. Voilà ſans doute par où nous avons mérité d'être traités par nos Confrères d'Ariſtocrates. *

Telle eſt , Meſſieurs , notre réponſe aux accuſations intentées contre nous par des Ecoliers des autres Colléges. Cependant, quoiqu'ils nous accuſent, nous ne pouvons le penſer ; non , ils n'approuvent pas les excès auxquels on s'eſt porté. Hier même , lorſqu'ils paroiſ-

----

* De plus, nous logeons dans ce moment-ci chez nous quarante-cinq Députés à la Confédération : & nous avons préparé de la place pour ſoixante. Nous ſommes bien-aiſe de le dire en paſſant : parce que nous avons appris qu'on diſoit dans le Public , que nous n'en logions que quatre.

foient le plus animés, nous en avons entendu quelques-uns dire qu'ils vouloient fe retirer, pour ne pas paroître complices de tout ce qui fe faifoit; mais qu'ils étoient retenus par deux ou trois feulement qui ne ceffoient de les exciter. Et nous difons, nous, que c'étoit affurement des gens mal intentionnés, mêlés à nos Confreres, qui ont été les auteurs des violences faites à la porte du Séminaire S. Louis, & dans le refectoire du Séminaire des Trente-trois. Et quel motif en effet auroit pu engager les Ecoliers à venir troubler notre tranquillité ? En eft-il un feul qui ait eu à fe plaindre de nos procédés envers eux ? C'eft un témoignage que nous nous devons à nous-mêmes : nous avons toujours défiré de vivre en paix avec tous nos Camarades des autres Colléges, & nous le defirons dans ce moment plus que jamais.

O ! vous donc, nos chers Confrères, pour qui cette petite querelle n'a pas diminué notre amitié, nous vous en prions, dépofez ces fentiments de diffenfion & de haine : rendez-nous votre eftime que vous nous aviez fi injuftement ôtée. Que la Patrie reconnoiffe en nous tous, fes enfants, en voyant regner

entre nous une amitié fraternelle ; &
que notre bonne intelligence soit main-
tenant pour elle un présage de la parfaite union que nous devons apporter un
jour à son service.

Et vous, ô Citoyens ! qui faites éclat-
ter ici tous les jours votre Patriotisme,
daignez contribuer à ramener la concorde entre des Frères divisés. Apprenez
nous à imiter votre sagesse, & votre
bonne intelligence. Que marchant sur
vos traces, nous nous formions à toutes
les vertus civiques dont vous nous don-
nez l'exemple. Heureux ! si en suivant
d'aussi beaux modeles nous pouvons nous
rendre dignes de soutenir un jour l'ouvrage que vous établissez aujourd'hui par
votre généreux dévouement au bien de
la Patrie.

Signés, Nugues, Chapellier,
Députés au nom des Etudiants de Na-
varre.

Les Députés de Navarre ayant cessé
de parler, M. l'Abbé Degranthes se
leva, & dit qu'il avoit été dans les différents Colleges de l'Université, pour
tâcher de calmer les esprits ; qu'il en
étoit venu à bout ; qu'il avoit été prié,

foit par écrit, foit de vive voix, de vouloir bien être médiateur dans cette affaire ; & qu'enfin il les avoit engagés à
envoyer des Députés à l'Affemblée, non
point pour pourfuivre leur accufation,
mais au contraire pour fe réconcilier
avec ceux de Navarre. En effet dans lo
même inftant parúrent les Députés de
plufieurs Colleges, & l'un d'entre eux
prononça ce difcours.

MESSIEURS,

Dans la démarche que nous avons
faite hier au College de Navarre, nous
n'avions pour but que de nous informer
s'il étoit vrai que MM. les Ecoliers de
ce College s'étoient égarés jufqu'à faire
injure à la cocarde nationale. Peut-être
notre zéle nous a-t-il emporté trop loin :
peut-être avons-nous manqué de refpect
à une Affemblée auffi refpectable, & au
chef de cette maifon qui a donné tant
de preuves de fon amour pour le bien
public. Mais ne peut-on pas pardonner
à notre jeuneffe & à notre patriotifme
cette effervefcence dont nous fouhaitons
que les fuites ne foient pas funeftes.
D'ailleurs, Meffieurs, nous defirons avec

la plus vive ardeur que la paix & la concorde foit ramenée parmi nous & nos Confreres de Navarre. Nous vous remercions, Meſſieurs, de l'intérêt général que vous avez pris pour concilier les choſes; nous vous prions de vouloir bien achever votre ouvrage, & nous nous en remettons à votre ſageſſe & à votre prudence.

M. l'Abbé Degranthes reprit enſuite la parole; & après avoir très-bien déduit toutes les raiſons qui pouvoient & devoient porter les Ecoliers à la paix & la concorde, il les engagea à ſigner tous l'arrêté ci-joint :

Nous ſouſſignés Députés de pluſieurs Colleges de Paris, 1°. déſavouons en notre nom & au nom de ceux qui nous ont envoyés, les excès auxquels ont pu ſe porter vendredi au ſoir 9 de ce mois quelques-uns d'entre nous, comme n'étant pas le vœu général : 2°. déclarons que nous voulons toujours vivre en paix & en bonne intelligence avec nos chers Confreres les Etudians du College de Navarre ; & ſupplions l'Aſſemblée du Diſtrict de S. Etienne du Mont, qui a des droits inconteſtables à notre reconnoiſſance, d'oublier des torts que le pre mier mouvement d'enthousiasme qu'inspire le Patriotisme peut rendre excusables. Nous osons croire qu'elle voudra bien nous continuer l'honneur de sa protection , dont nous tâcherons de nous rendre dignes par notre attachement inviolable à la Nation , à la Constitution , & au Roi.

Signés ,

L'ANDRIEUX , au nom des Ecoliers de Montaigu.

DEROY , au nom des Ecoliers des Grassins.

BAUDOT L. au nom des Ecoliers de la Marche.

MARTEL , au nom des Ecoliers du Cardinal le Moine.

LETELLIER , au nom des Ecoliers du College de Lizieux.

Les autres Colleges qui n'ont pas signé n'avoient pris aucune part à toute cette affaire.

Alors tous les Députés des différents Colleges, ainſi que M. le Principal du College de Navarre, s'embraſſerent en ſigne de réconciliation, & l'arrêté du Diſtrict fut porté en ces termes :

L'Aſſemblée générale du Diſtrict de S. Etienne du Mont, après avoir entendu la défenſe & la juſtification complette de MM. les Ecoliers du College de Navarre, ſur les trois chefs d'accuſation à eux intentés par MM. les Ecoliers des autres Colleges, les a trouvés pleinement juſtifiés. Inſtruite en outre, & convaincue des ſentiments de charité & du civiſme qu'a toujours manifeſté M. Dubertrand, Principal du College de Navarre, à l'égard des pauvres Citoyens du Diſtrict, a arrêté qu'elle reconnoît MM. les Ecoliers du College de Navarre pour de très-bons Citoyens, & que cela ne peut être autrement, ſous la conduite du chef reſpectable qui les gouverne, & dont l'honnêteté & le zele ſont généralement connus de tout le Diſtrict : Donne acte à MM. les Etudiants des autres Colleges de la déclaration par eux faite, comme ils veulent toujours vivre dans la plus parfaite union avec MM. les Etudiants des autres Col-

leges leurs Confrères ; les reconnoît éga-
lement pour de bons Citoyens. Arrête
en outre que les discours prononcés par
MM. les Députés de Navarre & autres
Colléges, feront imprimés en tête du
présent arrêté, & envoyés à MM. les
Principaux des différents Colléges de
l'Université,

DEFOISSY, Président;

DEZAUCHES, Vice-Président;

DECOURNANT, BROUET le jeune,
Secrétaires généraux.

Samedi 10 Juillet 1790.